Achim Tutschner

Business Intelligence for Business Process Management

GRIN Verlag

Bibliografische Information der Deutschen Nationalbibliothek:

Die Deutsche Bibliothek verzeichnet diese Publikation in der Deutschen National-
bibliografie; detaillierte bibliografische Daten sind im Internet über http://dnb.d-
nb.de/ abrufbar.

Impressum:

Copyright © 2009 GRIN Verlag GmbH
Druck und Bindung: Books on Demand GmbH, Norderstedt Germany
ISBN: 978-3-656-27293-9

Dieses Buch bei GRIN:

http://www.grin.com/de/e-book/200395/business-intelligence-for-business-process-
management

GRIN - Your knowledge has value

Der GRIN Verlag publiziert seit 1998 wissenschaftliche Arbeiten von Studenten, Hochschullehrern und anderen Akademikern als eBook und gedrucktes Buch. Die Verlagswebsite www.grin.com ist die ideale Plattform zur Veröffentlichung von Hausarbeiten, Abschlussarbeiten, wissenschaftlichen Aufsätzen, Dissertationen und Fachbüchern.

Besuchen Sie uns im Internet:

http://www.grin.com/

http://www.facebook.com/grincom

http://www.twitter.com/grin_com

Fachhochschule Vorarlberg
University of Applied Sciences

Studienarbeit

Business Intelligence for Business Process Management

Autor:	Dipl.-Ing. Achim Tutschner,
Fakultät:	FH Vorarlberg Masterstudiengang BWL
	Vertiefung: Business Process Engineering
Lehrveranstaltung:	Integrierte Informationsverarbeitung

Dornbirn, Juli 2010

Inhaltsverzeichnis

Abbildungsverzeichnis

Abkürzungsverzeichnis

ARIS PEM... ARIS Process Event Monitor

ARIS PPM...ARIS Process Perfomance Manager

BARC...Business Application Research Center

BAM...Business Activity Monitoring

BI...Business Intelligence

BO...BusinessObjects

BPM...Business Process Management

BPMN...Business Process Modeling Notation

BW...Business Warehouse

EAI...Enterprise Application Integration

EII...Enterprise Information Integration

ETL...Extraktion, Transformation, Laden

KPI...Key Performance Indicator

OLAP...Online Analytical Processing

OLTP ....Online Transaction Processing

MDM...Master Data Management

NW...NetWeaver

PPM...Process Performance Management

SaaS...Software as a Service

SOA...Service-orientierte Architekture

1   Einführung

Der erforderliche Wandel hin zur Prozessorientierung der Unternehmen wird seit mehr als 15 Jahren sowohl in der wissenschaftlichen Literatur als auch in der betrieblichen Praxis intensiv diskutiert.[1][2] Gerade Geschäftsprozesse und Ihre Steuerungsmöglichkeit geraten heute in wirtschaftlich labilen Zeiten zunehmend in das Zentrum des Handlungsbedarfs. So kann sich auch das BI-Umfeld diesem Wandel hin zur Prozessorientierung nicht mehr verschliessen. Gemäß dem Prinzip „man kann nur managen, was man messen kann"[3] liefern Prozesskennzahlen entscheidungsrelevante Informationen über den Ablauf und die Ergebnisse von Geschäftsprozessen auf der Basis prozessbezogener Leistungsindikatoren (vgl. KPI).[4] In der Folge gewinnt das Konzept der prozessorientierten BI, also der Einbettung von Techniken und Verfahren der Datenanalyse, Datensammlung, Ereignisverarbeitung und der analytischen Informationsaufbereitung in dem Kontext der Prozessausführung, zunehmend an Bedeutung.

Zur Bewältigung dieser Herausforderungen stehen folgende IT-Softwarelösungsbausteine bereit[5]:

- Prozessrekonstruktion: Ex-Post Rekonstruktion von Prozessinstanzen durch Extraktion von nicht-prozessorientiert vorliegenden Bewegungsdaten aus den operativen Informationssystemen in ein Data Warehouse/ Process Mart, z.B. Belegflussanalyse.

- Process Engine: Nutzung der prozessorientiert vorliegenden Meta- und Bewegungsdaten einer Process Engine für Ex-Post Analysen in einem Data Warehouse/ Process Mart.[6]

---

[1] Vgl. [MGMA05], Seite 2-3
[2] Siehe [EB07], Seite 3
[3] What can be measured can be done" (William Edwards Deming)
[4] Siehe [MW07], Seite 6, Seite 12
[5] Vgl. [BAFC09], Seite 1-5
[6] Siehe [BAFC09], Seite 2

- Business Activity Monitoring (BAM): Echtzeit-Analyse der Veränderung und Störungen im operativen Prozessablauf durch die Erfassung, Verarbeitung und Aufbereitungen von Process- und Systemereignissen.[7]
- Embedded BI: Direkte Nutzung analytischer Services in operativen Prozessabläufen. So können beispielsweise mittels eingebetteter Entscheidungs-/Vorhersagemodelle Entscheidungen automatisiert und Fehler vermieden werden.[8]

Die in 2007 begonnene Konsolidierung unter den großen Anbietern in dem stark fragmentieren Business Intelligence (BI) -Markt ist eine Reaktion auf die zunehmende Verschmelzung von Business Process Management(BPM), BAM und BI.[9] Bis heute gibt es keine umfassenden Angebote der Softwarehersteller und Dienstleister welche zum Process Performance Management (PPM)[10] zusammengewachsen und Bestandteil eines, bisher von vielen Unternehmen noch mit Widerstand bekämpftes[11], übergeordnetes Corporate Performance Management geworden sind. [12] Dies gilt auch für die im Rahmen der Studie genauer betrachteten BI-Anbieter SAP/Business Objects und IDS Scheer.

Diese Studie liefert die theoretischen Grundlagen prozessorientierter BI, eine Einschätzung des Status quo von Markt und Analysten sowie Chancen, Risiken und Handlungsempfehlungen. Der Fokus liegt dabei auf IT-Sicht. Sie ist an Kommilitonen der Studiengangs Business Process Engineering der FH Vorarlberg gerichtet und ist ergänzend zur Studie von Herrn Bernd Wehinger[13] entstanden. Nach einer Einführung in Kapitel 1 werden in Kapitel 2 zugrunde liegende fachliche, organisatorische und technische Voraussetzungen geklärt. Basierend auf dem Status der IT Lösungen werden in Kapitel 3 die Analystensichten zum Thema prozessorientierte BI von Business Application Research Center (BARC), Gartner

---

[7] Vgl. [BMJG07], Seite 1-2
[8] Siehe [HD10], Seite 1
[9] Siehe [EH07], Seite 1
[10] Nach http://www.controllingportal.de/Fachinfo/Business-Intelligence/Steigende-Komplexitaet-als-Hauptherausforderung-von-Performance-Management-Anwendungen.html, Zugriff 20. Juni 2010
[11] Eigener Kommentar: Durch das nun am 08.07.2010 unterzeichnete Swift abkommen erhalten Datensauger aus den USA sozusagen einen Freibrief bezüglich Geldtransaktionen. Damit erschliesst sich für BI ein weiterer umschrittener Einsatzbereich
[12] Nach http://www.cio.de/partnerangebote/oracle-bi/869283/index.html, Zugriff 21. Juni 2010
[13] [WB09]

und Forrester vorgestellt. Kapitel 4 gibt einen Überblick über die auf am Markt befindlichen Anbieter, bevor in Kapitel 5 der Standpunkt der ZF Friedrichshafen AG zum Thema beschrieben wird. Die Studie schliesst mit einer Schlussbetrachtung.

2   Fachliche, organisatorische und technische Voraussetzungen

Für die Einführung prozessorientierter BI sind verschiedene Voraussetzungen auf fachlicher, organisatorischer und technischer Ebene zu schaffen. Im Folgenden werden diese Voraussetzungen nach dem aktuellen Stand der Technik zusammenfassend vorgestellt.

Fachliche Voraussetzungen

- Etablierung einer fakten-und prozessorientierten Entscheidungskultur im Unternehmen

- Explikation von Zielen und sie beeinflussender Kennzahlen bis auf die Ebene elementarer Geschäftsprozesse[14]

- Definition von Kennzahlen und deren Messverfahren innerhalb von Prozessen[15]

- Möglichkeiten zur Abbildung geschäftlicher Zusammenhänge in Regeln (Business Rules) und der Interpretation von Ereignissen und Daten[16]

- Entscheidungsfähigkeit im Prozesstakt: Für eine angemessene Reaktion auf Ereignisse muss die Geschwindigkeit des Messprozesses von Kennzahlen der Geschwindigkeit der Steuerung des Geschäftsprozesses entsprechen

- Prozess- und Stammdatenharmonisierung als Basis für harmonisierte Kennzahlen (einheitliches Kennzahlensystem)[17]

- Aufdeckung von Abhängigkeiten zwischen verschiedenen Kennzahlen

---

[14] Siehe. [SP08], Seite 39
[15] Siehe [GTTA10], Seite 79
[16] Siehe http://www.computerwoche.de/software/bi-ecm/1905827/index3.html, Zugriff 15. Juni 2010
[17] Siehe [LC10], Seite 25

Organisatorische Voraussetzungen

- Etablierung einer BI- und Prozess-Governance, um hierdurch die Einhaltung und Erreichung von Unternehmensstrategie und -zielen sicherzustellen[18]

- Regelung der fachlichen und technischen Verantwortlichkeiten für Kennzahlen, Prozesse, Regeln, Daten [19]

- Organisation des Wissensmanagement zu Kennzahlen, Messverfahren, Analysemethoden, Projektvorgehensweisen etc., beispielsweise durch ein BI Competence Center[20]

- Die Auswertung von Kennzahlen ist nur möglich, wenn die Datenqualität stimmt. Zur Herstellung von Datenqualität sind organisatorische Voraussetzungen zur Ausübung von Data Governance notwendig. Hierzu gehören Rollen zur Verantwortlichkeit und Pflege von Daten, Prozesse wie die Bereitstellung von zu validierenden Daten an den Fachanwender und das Zurückspielen der Daten in ein operatives System bis hin zu Werkzeugen, z. B. für eine automatisierte Datenbankbereinigung. Speziell wenn Entscheidungen automatisiert getroffen werden sollen, ist höchste Datenqualität gefordert, da die menschliche Validierung fehlt[21]

Technische Voraussetzungen

- Datenintegration: Technische Voraussetzungen zur Datenintegration bestehen aus notwendigen Schnittstellen zu Anwendungen, allen voran Transaktions-Systemen (OLTP-Systemen) wie SAP ERP, und zu Integrationsplattformen, die Anwendungen über Nachrichten integrieren (Enterprise Application Integration (EAI))[22]

- Erfassbarkeit von Kennzahlen: Die gewünschten prozessbezogenen Kennzahlen müssen in operativen Anwendungen verfügbar oder ableitbar sein.

- Werkzeugunterstützung: Software-Werkzeuge müssen die Messung und Steuerung von Geschäftsprozessen unterstützen. Anforderungen an die Softwarelösungen, auch

---

[18] Vgl. http://www.bi-bestpractices.com/view-articles/4686, Zugriff: 17.Juni 2010
[19] Vgl. [BAFC09], Seite 5
[20] Vgl. [GTTA10], Seite 180
[21] Siehe [MA09], Seite 1
[22] Vgl. [KP06], Seite 8 ff

im Hinblick auf den neuen Anwenderkreis (Prozessverantwortliche und –beteiligte) sind:

- o   Intuitive Bedienbarkeit
- o   Integration in andere Anwendungen, insbesondere Portale
- o   Übersichtliche Ergebnisdarstellung und –aufbereitung[23]

(Aufgrund des großen Anwenderkreises bieten sich browserbasierte Werkzeuge an.

- Betrieb und Betreibermodelle: Die Anforderungen hinsichtlich Verfügbarkeit, Zuverlässigkeit, Zugänglichkeit, Sicherheit und Leistungsfähigkeit an Systeme für prozessorientierte BI müssen denen operativer Systeme entsprechen. Damit ändern sich auch die Betreibermodelle hinsichtlich Support etc.[24]

2.1   Status IT Lösungen

Allen Konjunkturverwerfungen zum Trotz wuchs der Markt für BI, Analytics und Performance 2009 weltweit um 4,2% auf 9.3 Milliarden Dollar und hat damit eine äusserst interessante Größe erreicht.[25] Angesichts eines der härtesten Jahre in der Softwaregeschichte, ausgelöst durch die weltweite Wirtschaftskrise, attestiert die US Marktforschungsfirma Gartner diesem Marksegment ein gesundes Wachstum und eine gewisse Konjunkturunabhängigkeit. Gänzlich unbeeindruckt von der Krise zeigte sich das Geschäft mit Programmen zur Analyse und Reporting jedoch nicht, wie der Blick auf Vorjahres-Wachstumsraten offenbart. Der Software-Markt für BI in Deutschland erreichte 2008 ein Gesamtvolumen von 754 Millionen Euro (+6.1%), 2007 ein Gesamtvolumen von 710 Millionen, 13.7% mehr gegenüber 2006. Im Zuge weiterer gesamtwirtschaftlicher Erholung erwartet BARC eine im Vergleich zum allgemeinen IT-Markt eine relativ bessere Entwicklung des BI-Marktes ab 2011 mit Wachstumsraten von 10-12%.[26]

Der Markt für Softwarelösungen im Bereich prozessorientierte BI ist sehr heterogen, dadurch stark segmentiert, unübersichtlich und zersplittert. Zurzeit lassen sich weltweit Produkte von

---

[23] Siehe [WH05], Seite 13
[24] Siehe [ST07], Seite 10
[25] Vgl. [BL10], Seite 1
[26] Siehe [Bang09], Seite 3

ca. 200 – 300 Anbietern dem BI-Markt zuordnen. Den besten Überblick erhält man durch das deutsche Marktforschungsunternehmen BARC, das sich seit Jahren systematisch mit diesem Markt beschäftigt und z.b. in der Studie „The BI Survey 8"[27] einen detaillierten Überblick über die einzelnen Anbieter gibt. Für den Zugang der 489 Seiten sind allerdings $4995 USD zu bezahlen. Wichtig für einen Überblick der führenden Anbieter ist zudem die BI-Liste des Beratungshauses Lünendonk[28]. Die Ausgabe von 05. August 2009 ist mit 1800 € zzgl. Mwst. ein richtiges Schnäppchen. Aber gerade Herr Carsten Bange (Firma BARC) kritisiert auf seinem Block BeyeNetwork -Global coverage of the business intelligence ecosystem- diese Auflistung heftig, da diese „Top 15 der Anbieter für Business-Intelligence-Standardsoftware den BI-Markt in Deutschland fundamental falsch darstellt, da unter anderem 4 der Top 5 Anbieter in dieser Liste nicht auftauchen"[29].

Das Spektrum der BI-Tools ist relativ breit gestreut und reicht von einzelnen, spezialisierten ETL-Tools bis hin zu integrierten Lösungen. Viele Nischenanbieter bieten Leistungen für bestimmte Aufgaben prozessorientierter BI, bspw. Sensoren, BAM, Datenbanken etc. Umfassende Softwarelösungen für prozessorientierte BI existieren heute noch nicht. Die fünf marktführenden Anbieter - SAP, SAS, IBM, Oracle und Microsoft (2009 71% des Gesamtumsatzes[30]) unternehmen aber große Anstrengungen um BI-Funktionalitäten in ihre Produkte einzuarbeiten, um als komplett integrierte Anbieter die Spezialisten aus dem Markt zu drängen. Sie wuchsen hauptsächlich durch Übernahmen anderer BI-Anbieter und sind in 2010 (und sehr wahrscheinlich noch darüber hinaus) mit der Ordnung und Konsolidierung ihrer Produktportfolios beschäftigt. Es wird munter fusioniert, gekauft und verkauft. Große und weltweit operierende Anbieter wie z.B. Business Objects (BO), Cognos, Hyperion, die im wesentlichen auf das Angebot integrierter Lösungen setzen, versuchen, durch gezielte Übernahmen von Spezialisten ihr Portfolio abzurunden. So verschaffte sich Business Objects (seit 2007 von SAP für 4,8 Mrd.€ aufgekauft) durch die Übernahme von Acta Technology und Crystal Reports den Zugang zum Massenberichtswesen. Cognos (2007 von IBM aufgekauft) kaufte Adaytum und Frango zur Verstärkung in den Bereichen Planung und Konsolidierung,

---

[27] Siehe http://www.bi-survey.com/purchase.html, Herausgabe 4.März 2009, Zugriff 10.Mai 2010
[28] Siehe http://www.luenendonk.de/business.php, Zugriff 12. Mai 2010
[29] Siehe http://www.beyenetwork.de/blogs/bange/archives/2009/06/die_lunendonk-l.php, Zugriff 05. Juni 2010

Hyperion erwarb Brio Software und ergänzte sein Portfolio um ausgereifte Produkte für Reporting und Datenanalyse. Und im jüngsten Fall kauft SAP den Datenbankhersteller Sybase für 4,6 Mrd.€ mit dem Ziel die Steuerung und Analyse von Geschäftsprozessen über Endgeräte zu ermöglichen. Ein Experte in diesem Business, der das Jahr 2007 verschlafen hätte, würde den Markt heute wohl kaum wieder erkennen.

Des Weiteren ist durch den Trend in Richtung Prozessüberwachung mittels Kennzahlen und damit verbunden der Prozessoptimierung mit einer Verschmelzung der beiden Welten BI und BPM zu rechnen.[31] Während BI-Software-Anbieter ihre Produktpalette um Funktionalitäten für das Performance Management erweitern, bilden BPM-Softwareanbieter, wie bspw. IDS Scheer, mit ihren Produkten zunehmend den kompletten BPM-Kreislauf, inklusive Prozessanalyse und - controlling, ab.

Aus technologischer Sicht, wird sich die Implementierung prozessorientierter BI komplett servicebasiert (vgl. SOA) abspielen und auf dieser Ebene in alle Richtungen kommunizieren. Operative und analytische Systeme verschmelzen zu zusammengesetzten Anwendungen (Composite Applications).[32] Der Trend hin zu webbasierten Applikationen und Oberflächen besteht bereits länger. Das bedeutet des facto ein zentralisiertes Konzept, dezentralisiert ist nur der Browser beim User installiert. Neu ist die Ausweitung der Clients um die mobile Komponente. Web ist mittlerweile ein Must: Alle Anbieter liefern webbasierte Clients. Das Web spielt auch bei Software as a Service (SaaS) eine Rolle. Obwohl viele Unternehmen in Mitteleuropa noch aus Sicherheitsgründen zögern:"In Amerika ist SaaS bei BI-Lösungen auch bei mittelständischen Unternehmen schon absolut Usus" [33] erklärt Bange in der Zeitschrift Monitor, Ausgabe Mai 2010. Die im Anhang hinterlegte Tabelle gibt einen Überblick der am Markt verfügbarer Softwarelösungen für prozessorientierte BI, kategorisiert nach dem fachlichen Fokus der Lösungen.

---

[30] Siehe [Bang09], Seit 13
[31] Vgl. [MGMA05], Seite 6-8
[32] Siehe [KU08], Seite 6
[33] Siehe [MO10], Seite 2

3 Positionsbestimmung Markt / Analysten Sichten und Trends

Die nachfolgenden Unterkapitel liefern Einschätzungen der Analysten BARC, Gartner und Forrester zum Thema prozessorientierte BI. Dabei liefert BARC die Basis, die durch Einschätzungen von Gartner und Forrester ergänzt wird. Jedes Unterkapitel schließt mit einer Zusammenfassung der jeweiligen Kernaussagen.

3.1 BARC

BARC sieht prozessorientierte BI als ein sehr junges Thema mit großem Potenzial, welches sich aktuell noch in einer frühen Wachstumsphase der Entwicklung befindet.[34] Abbildung 1, mit eigenen Zeichnungsobjekten ergänzt, zeigt die Lebenszyklusphasen von BI-Anwendungen und stellt damit die Reife, Einsetz- und Anwendbarkeit dar. Operational BI (alle BI-Anwendungen für die operative Ebene), Performance Management und BAM befinden sich noch in einer frühen Entwicklungsphase. BARC erwartet in den kommenden Jahren ein verstärktes Wachstum.

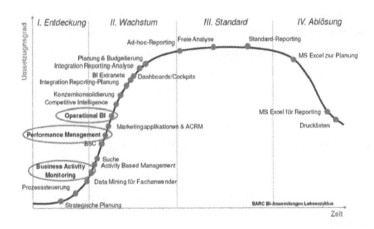

Abbildung 1: BARC BI-Anwendungen Lebenszyklus 2008[35]

---

[34] Siehe [BAFC09], Seite 1
[35] Siehe [KP08], Seite 4

Während prozessorientierte BI heute nur in spezialisierten Teilbereichen eingesetzt wird, wird sich der zukünftige Einsatz auf alle Unternehmensbereiche und Geschäftsprozesse erstrecken. Neue Anwendungsbereiche werden nach BARC vor allem im Umfeld von Logistik, Vertrieb und Produktion entstehen. Speziell all jene Branchen, die einen Bedarf an zeitnahen und vielen Informationen haben, werden deswegen prozessorientierte BI-Anwendungen weiter ausbauen und vermehrt nutzen.

Weitere Herausforderungen aus Anwendersicht sind die Fähigkeit, Kennzahlen und Geschäftsregeln zu definieren und später zu messen sowie die Verbindung von Kennzahlen mit der Unternehmensstrategie und -zielen. Während fachliche Standards für Prozesskennzahlen in vielen Anwendungsbereichen verfügbar sind, fehlen allerdings Modellierungskonventionen zur standardisierten Abbildung dieser Kennzahlen.[36]

Eine aktuelle Umfrage des Business Intelligence Network (B-EYE-Network) aus dem Jahr 2009 zeigt überdies, dass von 120 Befragten Unternehmen über die Hälfte das Thema BI im Prozess – Embedded BI evaluiert, plant, implementiert oder sogar bereits implementiert hat.[37]

3.2 Gartner

BI wurde als erstes von der Gartner Group beschrieben.[38] Die Interpretation von BI bewegt sich heute laut Gartner von der konventionellen, analystengetriebenen BI weg zur strategie- und prozessgetriebenen BI. Analystengetriebene BI-Silos genügen demzufolge nicht mehr den Ansprüchen der Unternehmen.[39] „Die Kopplung von Informationen, Werkzeugen zur Entscheidungsfindung und „Performance Management" liegt im Trend".[40]

Die Frage hinter diesem Trend ist: Wie kommen Unternehmen an die richtigen Informationen um richtige Entscheidungen treffen zu können und schließlich die Effizienz des Unternehmens zu verbessern?[41]

BI lässt sich laut Gartner in die folgenden drei Ausrichtungen unterteilen[42]:

---

[36] Siehe [TA09], Seite 10
[37] Siehe http://www.beyeresearch.com/study/7561, Zugriff 01.Juni 2010
[38] Vgl. [FK10], Seite 30
[39] Siehe [HD10], Seite 1
[40] Siehe http://www.computerwoche.de/software/bi-ecm/1884710/, Abruf 02.Juni 2010
[41] Vgl. [IE07], Seite 5

1. **Konventionelle, analystengetriebene BI**: Vergangenheitsbasiertes Reporting.

2. **Strategiegetriebene BI**: strategiegetriebene Gegenüberstellung von tatsächlicher und eigentlich geplanter Produktivität eines Unternehmens.

3. **Prozessgetriebene BI**: BI-Anwendungen sind bei dieser Ausrichtung in den Prozess integriert. Durch diesen Ansatz soll die BI-Plattform auf Datenebene, Ereignisebene und schließlich der Workflow-Ebene enger verzahnt werden. So kann eine umfassendere Grundlage für Entscheidungsfindungen geschaffen werden.

Alle drei Ausrichtungen ergeben in Kombination eine BI-Gesamtarchitektur. Ihnen liegt typischerweise eine gemeinsame Informationsbasis, eine gemeinsame Infrastruktur, Definitionen, Geschäftsregeln, etc. zu Grunde.[43]

Gartner ist der Meinung, dass bis zum Jahr 2011 mindestens 50% der Unternehmen bereits vorhandene finanzorientierte Prozesse lediglich automatisieren, die Gelegenheit aber nicht wahrnehmen ihren Performance-Management-Prozess wirklich zu verbessern. Es besteht dadurch die Gefahr, dass große Verbesserungspotentiale nicht wahrgenommen werden.[44] Bereits 2005 hatte Gartner durch eine CIO-Umfrage das Thema BI Anwendungen als Thema mit „Top Priorität" für CIOs identifiziert.[45] Auch im Jahr 2008 stellt BI weltweit eine Chance dar, die Zielerreichung von Unternehmen besser zu steuern und so Qualitätssteigerungen und Kostensenkungen zu erreichen, die mit klassischen Instrumenten wie der Rationalisierung nicht möglich wären. BI wird deshalb von Gartner als Thema mit wachsender Bedeutung eingestuft.[46] Auch eine Studie von „The Data Warehouse Institute" nennt ähnliche Vorteile. Ergänzend seien aus dieser Studie noch die Erhöhung der Transparenz und frühzeitige Problemerkennung genannt. [47]

Die wichtigsten Aussagen der Gartner Group aus den vorliegenden Studien sind:

- Prozessorientierte BI wird als Hype Thema interpretiert, ist jedoch nicht als Technologie auf dem Gartner Hype Cycle aufgeführt[48]

---

[42] Siehe [GAR05], Seite 15
[43] Siehe [GAR05], Seite 16
[44] Vgl. [GAR08], Seite 42
[45] Siehe [GAR05], Seite 45
[46] Siehe [GAR06], Seite 16
[47] Siehe [EC07], Seite12
[48] Siehe [GAR05], Seite 45

- BI wird durch die damit möglichen Qualitätssteigerungen und Kostensenkungen als Thema mit zunehmender Bedeutung und als Wachstumsmarkt eingestuft[49]
- Die technischen Voraussetzungen zur Bereitstellung von Informationen in dem geforderten Maß sind geschaffen (trifft zu ab ca. 2005)[50]
- Gartner sieht jedoch, dass die Kultur der Unternehmen noch nicht so weit ist. Der tiefere Einblick in Informationen wird nicht als Mehrwert gesehen (Besserung bis Ende 2010)[51]
- Fachbereiche und technische Bereiche (BI Competence Center) müssen in Zukunft noch enger zusammenarbeiten[52]
- Prozesse müssen unter Berücksichtigung von BI-Anforderungen definiert werden (erwartet bis 2010)[53]
- Die Qualität von Daten ist die grundlegende Basis der BI. Das Bewusstsein für Datenqualität sowie deren Einfluss auf strategische BI muss geschaffen werden[54]

3.3 Forrester

Das Thema BI wurde laut Forrester bereits im Jahr 2007 von Unternehmen als eines der Top 3 Investitionsthemen aufgeführt.[55] Der Umfrage zufolge hatten 41% der Unternehmen 2007 vor, in die Anschaffung eines BI-Systems oder in eine Erweiterung zu investieren.

Die Gründe hierfür sind:

- Unternehmen können sich nicht mehr einfach darauf konzentrieren ihre Effizienz zu steigern. BI-Anwendungen werden benötigt um Geschäftsprozesse und -abläufe effizienter zu gestalten[56]
- Forrester sieht das wachsende Datenvolumen als Herausforderung für Unternehmen. Nach Forrester ist damit zu rechnen, dass das Volumen von strukturierten und unstruk-

---

[49] Siehe [GAR05], Seite 34
[50] Siehe [GAR05], Seite 25
[51] Vgl. [GAR05], Seite 26
[52] Vgl. [SK03], Seite 2
[53] Siehe [GAR05], Seite 47
[54] Siehe [IE07], Seite 16
[55] Vgl. [FO07] Seite 7
[56] Siehe [FO07] Seite 4

turierten Daten in Unternehmen bis zum Jahr 2010 mit einem jährlichen Wachstum von 30% auf eine Größe von 1 Zettabyte[57] wachsen wird.[58]

Durch das nachfolgende Architekturbild in Abbildung 2, mit eigenen Zeichnungsobjekten ergänzt wird verdeutlicht, dass Reporting und Analyse nur Teile der gesamten BI-Architektur sind. Zur prozessorientierten BI müssen weitaus mehr Komponenten aus der hier gezeigten BI Musterarchitektur genauer unter die Lupe genommen werden, als es für eine ereignisorientierte BI Lösung notwendig ist.[59]

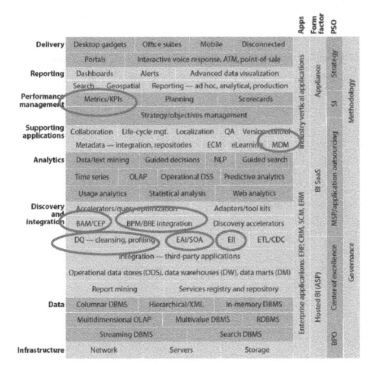

Abbildung 2: Forrester: BI Architectural Stack[60]

---

[57] Siehe [EB07], Seite 3; 1 Zettabyte = 10^{18}Bytes, 2011 nach Garnter 1800 Exabytes (1,8Zettabyte) Siehe http://www.worldlingo.com/ma/enwiki/de/Zettabyte, Zugriff 01.Juni 2010
[58] Siehe [EB07], Seite 3
[59] Vgl. [FO07], Seite 15
[60] Vgl. [EB08], Seite 5

Das Vereinheitlichen von Datenstrukturen und das Zusammenführen von Unternehmensinformationen durch (EII) sowie Data Quality Komponenten stellen wesentliche Bausteine dar, um eine aussagekräftige Datenbasis für die Analyse zu schaffen.[61]

Über die herkömmlichen Bestandsdaten für traditionelles Reporting hinaus, werden zusätzlich Bewegungsdaten und Ereignisse aus den Prozessdurchläufen interessant. Eine SOA und EAI stellen hierfür Voraussetzungen dar.[62]

Laut Forrester schaffen BI, BPM/BRM und BAM die architektonische Grundlage, um diesen Herausforderungen gerecht zu werden. Unternehmen können somit an Flexibilität gewinnen. Diese Komponenten werden heute aber noch in der Regel isoliert betrachtet.[63] Tatsächlich müssen Sie jedoch als integrierte Gesamtlösung (out oft he box) gesehen werden. Deshalb ist die Integration verschiedener Lösungen heute noch erforderlich.

Die wichtigsten Aussagen von Forrester:

- Die Datenqualität spielt eine gravierende Rolle
- Das gesamte Datenaufkommen eines Unternehmens wird bis zum Jahr 2010 auf bis zu ein Zettabyte wachsen[64]
- Softwareanbieter bieten derzeit nicht alle notwendigen Komponenten „out of the box" an[65]

---

[61] Siehe [EB08], Seite 13
[62] Vgl. [FO05-2], Seite 5
[63] Siehe [EB08], Seite 9
[64] Siehe [EB07], Seite 3
[65] Siehe [EB08], Seite 11

4   Konkrete IT Lösungen

Dieses Kapitel betrachtet die Lösungen der Softwarehersteller SAP und IDS Scheer für prozessorientierte BI. Die Informationen zu den Softwareherstellern belaufen sich auf Interviews mit den jeweiligen Experten der Fachabteilungen der ZF Friedrichshafen AG sowie Programmhandbüchern und sonstige quellen.

4.1   SAP/ Business Objekts

SAP versteht unter prozessorientierter BI die Analyse von Prozessen auf Basis von Daten, die während dem Entstehungsprozess von Bewegungsdaten gesammelt werden. Dabei spielen real-time bzw. near real-time Daten genauso wie Daten mit einer verzögerten Aktualität eine Rolle. So sind Szenarien wie die Nachverfolgung der Entstehung einer Internetbestellung, die Bearbeitungszeiten von Verwaltungsvorgängen oder das GPS-Tracking einer Taxifahrt aus Sicht der SAP typische Vorgänge für die prozessorientierte BI.[66]

Für die Umsetzung von BI Szenarien bietet SAP folgende Kernkomponenten innerhalb der Angebotenen Business Suite an:

* SAP NetWeaver Business Intelligence BusinessObjects (SAP NW BI (früher SAP BW)) in Kombination mit der zugekauften Lösung von BO (SAP BO) und
* SAP NetWeaver Business Process Management (SAP NW BPM) / SAP NetWeaver Business Rules Management (SAP NW BRM).

Der Fokus der SAP in Bezug auf prozessorientierte BI liegt zum jetzigen Zeitpunkt klar auf der Umsetzung von Prozessen durch die SAP NW BPM/SAP NW BRM – Lösungen (Prozessausführung), welche Funktionalitäten zur Aufzeichnung von Prozessablaufkennzahlen mit sich bringt.

---

[66] Siehe [SAPBPM08], Seite 9

SAP NW BI und SAP BO

Durch den Zukauf von Business Objects erweiterte SAP ihre Lösung um zahlreiche Komponenten in den Bereichen Enterprise Reporting, Ad-Hoc Query & Reporting sowie Analyse, Dashboards und Werkzeuge zur Verbesserung der Datenqualität. Die folgende Abbildung 3 zeigt die SAP NW BI und SAP BO Komponenten als gesamte BI Suite.

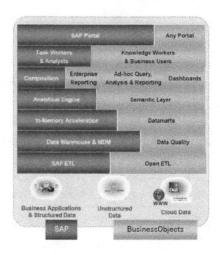

Abbildung 3: SAP und BusinessObjects Komponenten[67]

Die Komponenten der SAP BI mit den erweiterten Funktionen von BO bilden auch bei Szenarien der prozessorientierten BI die ausschlaggebende Rolle bei der Messung und Analyse von Prozessen.

SAP NW BPM / SAP NW BRM

Das SAP NW BPM / SAP NW BRM bestehtnach Abbildung 4 aus[68]

- grafischen Modellierungswerkzeugen (Process Composer und Rules Composer)
- Viewern für Prozesse und Regeln (Process Desk Rules Management)

---

[67] Siehe [SAP08], Seite 23
[68] Vgl. [SAPBPM08], Seite 4-17

- einem Process Server und

- einer Rules Engine

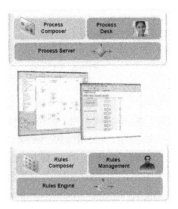

Abbildung 4: SAP: Komponenten des SAP NW BPM / SAP NW BRM[69]

Das auf dem Standard einer grafische Spezifikationssprache (z.B. Business Process Modeling Notation (BPMN)) basierende Modellierungswerkzeug ermöglicht die grafische Umsetzung von Geschäftsprozessen. Das Modellierungswerkzeug bietet die Möglichkeit, Services (SAP Enterprise Services), Ereignisse aus SAP-Systemen und menschliche Interaktionen (durch SAP-Anwendungen wie bspw. Web Dynpros) in Prozessabläufen zu kombinieren. Die modellierten Prozesse werden an einem zentralen Ort, dem Process Server, gehalten. Fachlichen Mitarbeitern erschließt sich der Ablauf von Prozessen durch den Prozess-Viewer.

Ergänzt wird das SAP NW BPM durch ein Business Rules Management mit eigener Rules Engine und einem Regelmodellierungswerkzeug (SAP NW BRM). In diesem können Rollen separat definiert und gesteuert werden. Das sich dahinter verbergende Konzept bedeutet die klare Trennung von Regeln und Prozessen durch strikte Modularisierung von Geschäftsregeln und Geschäftsprozessen. Die wesentlichen Herausforderungen aus Sicht der SAP sind

---

[69] [VT08], Seite 4

die Performance-Anforderungen des Ladeprozesses der Daten, Daten zu speichern und Daten zu analysieren.[70]

Zusammenfassung

Die in Kapitel 4.2 betrachteten Lösungen von IDS Scheer zur Prozessmodellierung, - analyse und -controlling werden klar als Erweiterung der SAP-Lösungen kommuniziert. Darin werden Funktionen für prozessorientierte BI (z.b. BAM) zur Verfügung gestellt.

Die lange Erfahrung im BI-Umfeld und durch die Erweiterung der SAP BI Lösung durch SAP BO ist die SAP im Bereich der traditionellen BI gut aufgestellt. Für prozessorientierte BI liefert SAP derzeit kaum Werkzeuge. Ein Trend in Richtung prozessorientierte BI ist durch die zu erwartenden, erweiterten Funktionalitäten des Solution Managers zu erkennen. Bereits heute ist es möglich unter Verwendung von SAP BPMon Standardprozesse in eingeschränkter Form zu überwachen. Dieser Lösungsweg sollte in Zukunft weiterhin beobachtet werden.[71]

Die Stärken der SAP Lösung liegen durch die Werkzeuge SAP NW BPM und SAP NW BRM auf Seiten der Prozessausführung. Durch die Abbildung von system- und prozessübergreifenden Anwendungen mittels des SAP NW BPM werden zusätzliche Prozesskennzahlen erfasst, welche zum erweiterten Monitoring von Prozessen verwendet werden können.

In der Datenintegrations-Schicht[72] stellt sich SAP durch die Produktpalette mit dem Business Warehouse, dem Enterprise Service Bus und SAP MDM sowie den Erweiterungen durch SAP BO gut auf.[73]

Roadmap

Sämtliche Anwenderwerkzeuge von SAP NetWeaver BI sind seit Ankündigung der ersten gemeinsamen Produkt-Roadmap im Februar 2008 auf Wartung gesetzt oder abgekündigt

---

[70] Vgl. [SAPBPM08], Seite 8-15
[71] Vgl. [SAPBPM08], Seite 8, 15, 25-27
[72] Zur Datenschicht sind die Bereiche Datenmodellierung, Extraktion, Bereitstellung der Daten und die Data Warehouse Management Prozesse zu zählen. Hier wird somit die grundlegende Architektur festgelegt und Regeln für Datenübertragung, Konsolidierung, Fortschreibung und Bereitstellung der Daten hinterlegt.

worden. Sie werden komplett durch bestehende SAP BO Werkzeuge oder noch zu entwickelnde Werkzeuge und Anwendungen ersetzt.[74] Die einzigen weiterentwickelten BI Werkzeuge, die von der SAP in das gemeinsame Produktportfolio eingebracht wurden, sind der SAP NW BI Server (SAP BW) mit seiner Ergänzungskomponente BI-Accelerator.[75]

Im Mittelpunkt der Weiterentwicklung der SAP steht[76]:

- Die Verbesserung der Real-Time Daten-Aquisition
- Die Entwicklung von Lösungsansätzen zum Umgang mit großen Datenmengen
- Verbesserung der Performance und der Skalierbarkeit für massendatenorientierten BI Szenarien, wie z.b. Prozessmonitoring
- Prozessanalyse mittels Drill-Down in Prozessinstanzen
- BAM
- Prozessreporting und
- zusätzliche BRM Funktionalitäten

In Zukunft soll laut Angabe von SAP der Solution Manager das Prozess-Monitoring zunehmend mehr unterstützen.[77] Die Schnittstelle zu ARIS im Bereich der Prozessmodellierung besteht bereits heute und soll in Zukunft ausgebaut werden. Durch den gemeinsamen Modellierungsstandard BPML soll der Austausch von Prozessinformationen zwischen dem SAP NW BPM und der ARIS Platform ermöglicht werden.[78]

4.2 IDS Scheer

IDS Scheer versteht unter prozessorientierter BI eine BI Lösung mit prozessorientierter Datenhaltung und prozessorientiertem Reporting.[79] Der Begriff „operational" grenzt die pro-

---

[73] Vgl. [SAP08], Seite 8-12
[74] Siehe [SAP08], Seite 18
[75] Siehe [SAP08], Seite 30
[76] Vgl. [SAP08], Seite 29-34
[77] Siehe [SAPBPM08], Seite 17
[78] Siehe [SAPBPM08], Seite 19
[79] Siehe[IDS08], Seite 1

zessorientierte BI ein, indem Datenhaltung und Reporting auf Ebene einzelner Prozessinstanzen möglich sein muss.[80]

Angefangen bei der Strategiedefinition über das Prozessdesign und die Überführung der Modelle in die IT, bis zum Controlling der ausgeführten Prozesse bietet IDS Scheer mit der ARIS Platform einen ganzheitlichen Ansatz zur kontinuierlichen Verbesserung von Geschäftsprozessen.[81] Hierfür stehen die Platformen[82]:

- Process Strategy Platform
- Process Design Platform
- Process Implementation Platform und
- Process Controlling Platform zur Verfügung.

Gegenstand der Untersuchung sind die nachfolgend erwähnten Funktionalitäten und Produkte der Process Controlling Plattform, siehe Abbildung 5.

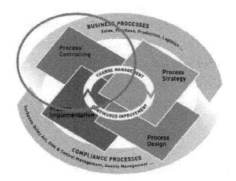

Abbildung 5: IDS Scheer- Die Business Process Excellence Lösung[83]

Das eigenentwickelte Produkt ARIS Process Performance Manager (ARIS PPM), das IDS Scheer zur Messung von Prozessperformance anbietet, ist Teil der Process Controlling Plattform und besteht seit dem Jahr 2000. Hinzu kommt der ARIS Process Event Monitor (ARIS

---

[80] Siehe [FM08], Seite 1
[81] Vgl. [FM08], Seite 10-12
[82] Siehe [FM08], Seite 14

PEM), ein BAM Werkzeug, zur Überprüfung eingehender Ereignisse und zur Identifizierung kritischer Situationen beim Ablauf eines Prozesses.[84]

Der ARIS PEM basiert auf der Technologie der Firma Systar – laut Gartner leistungsstärkster Anbieter im BAM Umfeld[85] – und existiert als integrierte Lösung in der IDS Scheer Plattform seit 2007.

ARIS PPM

ARIS PPM ist ein Werkzeug zum Überwachen und zur Analyse der Performance und der Struktur von Geschäftsprozessen. ARIS PPM soll dabei helfen, die Abläufe von Prozessen kontinuierlich zu verbessern. Dies erfolgt durch den Vergleich von Soll-Zustand und Ist-Zustand von reproduzierten Prozessen. Die Reproduktion erfolgt durch die manuelle Definition von Prozessschritten, welche mit Daten aus einem Bestandssystem verknüpft werden. Durch das aufzeichnen einzelner Prozessinstanzen können einzelne Durchläufe eines Prozesses im Nachhinein näher betrachtet werden.[86]

Zur Beschaffung von Prozesskennzahlen aus SAP und non-SAP Systemen bietet ARIS PPM Standardadaptoren an. Darüber hinaus können eigene Adaptoren entwickelt werden. Die nachfolgende Abbildung 6 stellt die Architektur dieser Lösung und die Schnittstellen zu den angebundenen Systemen genauer dar.

---

[83] Vgl. http://www.ids-scheer.com/us/en/Consulting_Services/32597.html, Zugriff 06. Juni 2010
[84] Siehe [IDS09], Seite 11
[85] Siehe [GAR06], Seite 67
[86] Siehe [ARIS10], Seite 10

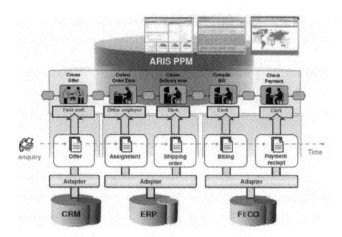

Abbildung 6: IDS Scheer-Aris PPM High Level Architektur[87]

Generell werden keine weiteren Prozesskennzahlen durch den Ablauf eines Prozesses geschaffen. Vielmehr werden Prozesse durch die Interpretation bereits vorhandener Bewegungsdaten rekonstruiert.

Aris PEM

Der ARIS PEM verwendet Ereignisse aus Prozessabläufen um kritische Unternehmenssituationen zu erkennen und auf diese zu reagieren. Auf diese Weise soll auf Geschäftsprozesse in „near real-time" reagiert und schnell Maßnahmen zur Behebung eines Problems eingeleitet werden können.

Darüber hinaus können Ereignisse mit Kontext versehen werden und in Form von Geschäftsregeln für komplexere Analysen herangezogen werden. Durch Ansteuerung einer Rules Engine (ARIS Rules Designer) können durch Regeln gezielt Aktionen ausgelöst werden.

---

[87] Siehe [BT10], Seite 6

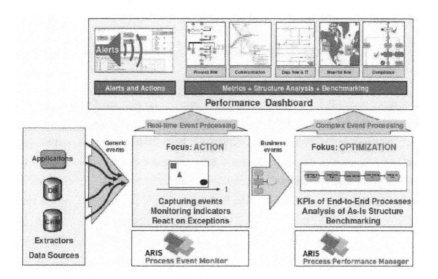

Abbildung 7: IDS Scheer- ARIS PEM und ARIS PPM[88]

Zusammenfassung

Die IDS Scheer Lösung fokussiert die strategische Planung, Modellierung, Überwachung und kontinuierliche Verbesserung von Geschäftsprozessen. Im Mittelpunkt steht das Prozessdesign sowie die Prozessanalyse und -controlling. IDS Scheer bietet umfangreiche Funktionalitäten bezüglich prozessorientierter BI-Komponenten. Jedoch basieren die Ansätze zur Überwachung von Prozessen auf neu interpretierten Bewegungsdaten und nicht auf Prozesskennzahlen. IDS Scheer bietet keine eigene Process-Engine. IDS Scheer liefert eingeschränkte Funktionalitäten im Bereich der allgemeinen BI-Services ebenso wie in der Datenintegrations-Schicht.

---

[88] Siehe [BT10], Seite 16

4.3   Gegenüberstellung

Derzeit deckt keiner der beiden Softwareanbieter alle notwendigen Komponenten für prozessorientierte BI.

SAP bietet mit SAP NW BPM ein sehr junges Produkt, das sich seit Dezember 2008 im Ramp-Up befindet. Mit NW BPM ermöglicht SAP in einer ersten Version die Messung von Prozessen unter Verwendung von neu geschaffenen Prozessablaufkennzahlen und Ereignissen. Diese Kennzahlen werden mit SAP NW BPM neu erfasst. Zur Aufbereitung dieser Daten werden die allgemeinen BI-Komponenten verwendet. Durch den Zusammenschluss von SAP und BO wurde die Funktionalität der BI Komponenten stark erweitert. Eine vollständige Integration der BO Produkte in die SAP Systemlandschaft muss jedoch noch erfolgen. IDS Scheer verfolgt mit dem ARIS PPM das Ziel, Prozesse zu rekonstruieren. Dies erfolgt anhand von neu interpretierten Bewegungsdaten und bereits vorhandenen Prozessablaufkennzahlen. Es werden also keine neuen Kennzahlen erfasst. Zudem bietet IDS Scheer mit dem ARIS PEM seit 2007 ein BAM Werkzeug, welches unter Verwendung von Ereignissen aus Prozessabläufen kritische Unternehmenssituationen identifizieren kann. Eine Integration in eine SOA ist derzeit nur bedingt möglich, da nur der ARIS PEM eine standardisierte Schnittstelle zu Web Services zur Verfügung stellt, nicht jedoch der ARIS PPM.

5   BI und ZF

In diesem Kapitel wird der generelle Stand in den, für das Thema prozessorientierte BI relevante, Bereiche betrachtet. Die aktuelle strategische Sicht auf die ZF IT-Architektur führt ex-
plizit fünf, für das Thema prozessorientierte BI relevante, Strategieelemente auf.

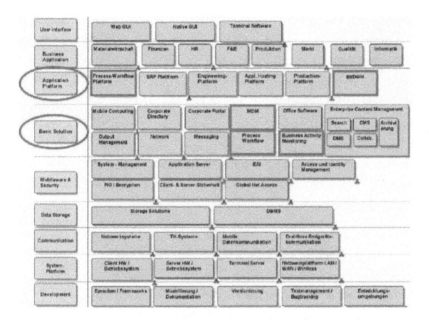

Abbildung 8: ZF IT-Architektur Strategiesicht[89]

Der Stand der Umsetzung dieser Strategieelemente ist unterschiedlich weit fortgeschritten.
Während ein Teil davon bereits sehr gut beschrieben ist und/oder einen fortgeschrittenen Grad
der Umsetzung erreicht hat (z. B. Basic Solution, MDM) ist ein anderer Teil bislang lediglich
als Platzhalter in die Architektur aufgenommen (z.B. BAM). Auffällig ist, dass das Thema
Performance Management nicht als eigenes Element in der Strategiesicht der IT-Architektur
auftaucht. Nach der Beschreibung der Elemente lässt sich das Thema Performance Management den Elementen Process Workflow und Process-Workflow-Plattform zuordnen. Diese

---

[89] Siehe [ZF08], Seite 5

Elemente beinhalten „... die Gestaltung, Ausführung, Steuerung und ggf. Überwachung von Geschäftsprozessen über Produkt- und Applikationsgrenzen hinweg.[90]

Die BI Lösung der ZF basiert auf dem SAP BW 7.0 und dem SAP Strategic Enterprise Management (SAP SEM), einer Komponente zur Performanceüberwachung im Bereich der ergebnisorientierten BI (SAP NW BI). Die SAP NW BI Landschaft besteht derzeitig aus ca. 60 Reportingbereichen (Infoareas oder Data Marts), ca. 650 mehrdimensionalen Datenwürfeln (Infocubes) und umfasst insgesamt ca. 8900 Abfragen (Queries).[91] Es existiert eine konzernweite Enterprise-Data-Warehouse-Strategie welche die SAP NW BI Architektur beschreibt. Diese Lösung bindet SAP und non-SAP-Systeme als Quellsysteme an das SAP NW BI an. Der Datenimport erfolgt maximal täglich. Echtzeit-Lösungen sind derzeit nicht realisiert.

5.1 Chancen und Nutzenpotentiale

Für die ZF sind die Chancen und Nutzenpotentiale prozessorientierter BI vielfältig. In einem Interview mit Herrn Komatsch (IT Entwicklung IIE ZF Friedrichhafen AG) sind folgende Potentiale vorhanden:

- Unterstützung organisatorischer Veränderung zu mehr Prozessorientierung durch Verbesserung des Prozesscontrollings
- Ausrichtung der operativen Prozesssteuerung auf die strategischen Unternehmensziele durch Verknüpfung der strategischen und der operativen Entscheidungsebene
- Herstellung von organisationsübergreifender Prozess-Transparenz (End-to-End-Sicht) und -Steuerbarkeit durch Kennzahlen zur Überwachung und Visualisierung der Leistungsfähigkeit von Prozessen
- Verbesserung von strategisch-taktischen Entscheidungen durch Verfügbarkeit von Prozesskontext und –historie
- Prozessoptimierung in kürzeren Zyklen durch bessere Verfügbarkeit von Kennziffern zu Prozessqualität, -kosten inkl. Ressourcenbetrachtung und zeitlichen Aspekten

---

[90] Siehe [ZF08], Seite 15
[91] Vgl. [ZF08], Seite 15-17

- Verbesserung und Beschleunigung von operativen Entscheidungen durch Business Activity Monitoring und analytische Services in Prozessen bis hin zur Entscheidungsautomatisierung (Closed Loop)
- Kostenreduktion beispielsweise durch Verringerung von Beständen, Bestandsdifferenzen, Maschinenstillstände (vorausschauende Wartung) sowie Früherkennung von Qualitätsmängeln (Reduktion von Ausschuss und Nacharbeit)
- Effizienzsteigerung durch Verbesserung z. B. der Auslastung, Durchlaufzeiten, Liefertreue, Reaktionszeiten
- Uvm.

Kritische Betrachtung

Prozessorientierte BI bietet der ZF zahlreiche Chancen und Nutzenpotenziale. Wie jede technologische bzw. konzeptionelle Neuerung muss jedoch auch prozessorientierte BI kritisch betrachtet werden, da Chancen und Nutzenpotenzialen entsprechende Herausforderungen gegenüberstehen und Wirtschaftlichkeitsbetrachtungen zugrunde liegen müssen. Grundsätzliche Überlegungen über die Produktreife anhand der in Kapitel 3 vorgestellten Lebenszyklus-Betrachtungen sollten zusätzlich mit in die Überlegungen einfließen. Geschäftsprozesse sind applikationsübergreifend und enden nicht an Systemgrenzen. Die technische Integration aller am Prozess beteiligten Softwaresysteme, Datenbanken bzw. Datenbestände ist somit Grundvoraussetzung, um die fokussierte ganzheitliche Sicht auf Prozesse (End-to-End) zu erreichen. Zusätzlich ist sie Voraussetzung für die konsistente Extraktion notwendiger Daten aus den Prozessabläufen, die Validierung von Kennzahlen gegenüber festgelegten Zielwerten (Soll) sowie eine konsistente Datengrundlage.

6   Schlussbetrachtung

Grundsätzlich erstreckt sich der mögliche Einsatzbereich prozessorientierter BI auf alle IT unterstützte Geschäftsprozesse. Sowohl in der Wissenschaft als auch in der Praxis herrscht große Übereinstimmung, dass die prozessorientierte Organisation einen wichtigen Beitrag zur Steigerung der Effektivität und Effizienz unternehmerischen Handelns leisten kann.

Die zentralen IT-Herausforderungen prozessorientierter BI liegen in der Datensammlung und Ereignisverarbeitung, analytischen Informationsaufbereitung im „operativen Takt" sowie in der zunehmenden Informationsmenge und –vernetzung. Eine Herausforderung bei der technischen Umsetzung prozessorientierter BI ist der relativ junge und fragmentierte Softwareanbieter- und Dienstleistungsmarkt. Angebotene Softwarelösungen und Dienstleistungen decken i.d.R. nur Teilbereiche bzw. spezielle Aufgaben ab. Umfassende, ganzheitliche Softwarelösungen bzw. Dienstleistungsangebote existieren heute noch nicht, was zur Kombination verschiedener Lösungen, z.b. von SAP und IDS Scheer, zwingt. Die Hersteller für Software sind nun gefordert fachliche Trends wie eine verstärkte Nutzung von Vorhersage- und Entscheidungsmodellen als embedded BI, sowie technische Trends wie Aufbau von Composite Applications durch Verknüpfung operativer und analytischer Services über SOA und die organisatorischen Trends wie der Aufbau von BI Competence Center durch integrierbare out of the Box Lösungen zu entwickeln.

Wirtschaftlich ist der Einsatz prozessorientierter BI nur dort, wo die Chancen bzw. Nutzenpotenziale die Herausforderungen und damit verbundenen Kosten übersteigen. Generell kann ein ganzheitlicher Einsatz prozessorientierter BI für alle Unternehmensprozesse momentan nicht empfohlen werden. Vielmehr ist der fachliche Nutzen stark von den konkreten Anwendungsfällen abhängig.

Der Autor empfiehlt der ZF Friedrichshafen AG die Nutzenpotentiale durch eine BI spezialisierte Fachabteilung im Gesamtkonzern zu systematisieren und über eine Art Wissensmanagementdatenbank an „BI ferne Abteilungen" zu kommunizieren. Des Weiteren wird die Einführung der für BI noch erforderlichen IT-Lösungsbausteine in die IT Roadmap empfohlen.

Literaturverzeichnis

[ARIS10]

  Aris PPM 5.0.0 (2010): ARIS- Process Performance Manager; ARIS PPM
  Systemarchtitektur; Benutzerhandbuch; IDS Scheer AG

[BAFC09]

  Bange, Carsten/ Fuchs Christian (2009): Business Intelligence: Wege zur prozessorientiertem BI; Artikel; Computerwoche September 2009
  http://www.computerwoche.de/software/bi-ecm/1905827/index5.html,
  Zugriff 16. Juni 2010

[BANG03]

  Bange, Carsten (2003): Business Intelligence: Systeme und Anwendungen; Werkzeuge
  und Technologien für die Unternehmenssteuerung; http://www.competence-
  site.de/business-intelligence/Business-Intelligence-Systeme-und-Anwendungen, Zugriff 06. Juni 2010

[BANG09]

  Bange, Carsten (2009): BARC-Marktstudie BI-Softwaremarkt Deutschland
  2008/2009, Umsätze, Marktanteile und Marktentwicklung: Marktforschungsergebnisse
  einer Vollerhebung der 136 Software-Anbieter für Business Intelligence in Deutschland; Business Application Research Center – BARC GmbH, Würzburg

[BL10]

  Bube, Lars (2010): Business Intelligence wächst trotz Krise; Fachartikel;
  http://www.informationweek.de/cio/maerkte-unternehmen/artikel-82419.html ,
  Zugriff 05. Juni 2010

[BT10]

  Blickle, Tobias (2010): ARIS Process Performance Manager 5- Schneller und wirksa-
  mer als je zuvor; IDS Scheer Corporate Product Division; Webcast

[EB07]

  Evelson, Boris (2007): It´s Time To Reinvent your BI Strategy; For Information &
  Knowlegde Management Professionals; Forrester Research Inc, USA

[EB08]

  Evelson, Boris (2008): The Forrester Qave [TM]: Enterprise Business Intelligence Platforms, Q3 2008, For Information & Knowledge Management Professionals; Forrster
  Research Inc, USA

[EC07]

  Eckerson, Christoph(2007): Best Practices in Operational BI: Converging Analytical
  and Operational Processes. The Data Warehousing Institute; TDWI Best Practices Report, 2007

[EW07]

Eckerson, Werner (2007): Best Practices in Operational BI: Converging Analytical and Operational Processes. The Data Warehousing Institute, TDWI Best Practices Report, 2007

[EH07]

Erkisdotter, Holger(2007): Konsolidierung auf dem BI-Markt- Appetit ist noch nicht gestillt; CIO IT-Strategie für Manager, Fachartikel; Knowledge Center BI; http://www.cio.de/knowledgecenter/bi/842399/, Zugriff 04. März 2010

[FO08-2]

Forrester (2008): How The Convergence Of Business Rules, BPM, And BI Will Drive Business Optimization; Research Study, USA 2008

[FO05-2]

Forrester (2005): Business Activity Monitoring Slowly Prepares For SOA; Research Study, USA 2005

[FO07]

Forrester (2007): It's Time To Reinvent Your BI Strategy; Research Study, USA 2007

[FM08]

Fischer, Markus (2008): Geschäftsprozessmanagement mit ARIS, Vortrag Gesellschaft für Informatik, Regionalgruppe Dortmund 2008

[GAR08]

Gartner (2008): Gartner Survey Shows Corporate Performance Management Is the Highest Priority in Business Intelligence in Europe; http://www.gartner.com/it/page.jsp?id=597910, Zugriff 02.Juni 2010

[GAR06]

Gartner (2006): Business Intelligence Scenario: From Pressure to Performance, Research Study, USA 2006

[GAR06]

Gartner (2006): Marketscope for Business Activity Monitoring Platforms; Research Study, USA 2006

[GlGD08]

Gluchowski, Peter/ Roland Gabriel/Carsten Dittmar (2008): Management Support Systeme und Business Intelligence. Computergestützte Informationssysteme für Fach- und Führungskräfte; 2. vollst. Überarb. Aufl.; Heidelberg: Springer Verlag

[GTTA10]

Gansor Tom /Totok Andreas/ Stock Steffen (2010): Von der Strategie zum Business Intelligence Competency Center (BICC): Konzeption - Betrieb - Praxis (Gebundene Ausgabe); Hanser Fachbuch Verlag

[HD10]

Hoffmann, Daniela (2010): BICC: Geballte BI-Weisheit; Artikel; IT-Director; http://www.it-director.de/startseite/itd-news/artikel/784/bicc-geballte-bi-weisheit.html?tx_ttnews[pS]=1262031263&cHash=11688fec58, Zugriff 15.Juni 2010

[HD10/2]

Haimes, David(2010): What is Embedded BI?, David Haimes Oracle Intercompany Financials Blog; http://davidhaimes.wordpress.com/2010/02/19/what-is-embedded-bi/; Zugriff 04.Juni 2010

[IDS08]

IDS Scheer info: ARIS Controlling Platform- ARIS Process Performance Manager, Artikel, Februar 2008

[IDS09]

IDS Scheer (2009): Process Management+Business Intelligence=Process Intelligence; Was ist Process Intelligence?;ARIS Platform-White Paper

[IE07]

Intelligent Enterprise (2007): Summit Preview: Graduate to Strategy- and Process Driven BI; http://intelligent enterprise.informationweek.com/showArticle.jhtml;jsessionid=IOHAHW25TMMH1QE1GH RSKH4ATMY32JVN?articleID=197802025, Zugriff 12. Juni 2010

[KP06]

Keller, Ptrick (2006): Ergebnisse der BARC-Studie Datenintegration. Data-Management-Expo-Kongress Mai 2006; http://logistics.de/downloads/0f/53/i_file_28207/BARC_ErgebnisseDWStudie_PKelle r.pdf, Zugriff 5. Juni 2010

[KP08]

Keller, Patrick (2008): Trends in Business Intelligence; BARC-Tagung „Business Intelligence; http://www.infotage.cubeware.de/fileadmin/cubeware/redaktionselemente/events/dow nloads/downloads_Infotag09/Ganz_vorn_dabei_-_BI_Trends_BARC_Patrick_Keller.pdf, Zugriff 03.April 2010

[KU08]

Kunesch, Uli (2008): Business Intelligence- Schnell und transparent zu optimierten Entscheidungen; White Paper; T-Systems Business Services GmbH; http://download.sczm.t-systems.de/ContentPool/de/StaticPage/31/77/78/317778_WP-Business-Intelligence.pdf?client=t-systems.de, Zugriff 5.Juni 2010

[LC10]

  Lang Claudia(2010): Kennzahlen in der Fertigung. Produktion trifft Business
  Intelligence; Aritkel; Solutions. IT-Lösungen für die Produktion; http://www.salt-
  solutions.de/fileadmin/salt/downloads/Solutions/Solutions-Produktion-1-10-
  Fertigungssteuerung-Business-Intelligence.pdf,
  Zugriff 15. Juni 2010

[MBJG07]

  Martin Bartonitz; Jocham Gottfried (2007): Business Activity Monitoring;
  http://www.bartonitz.net/Bartonitz_Martin_BAM_Business_Process_Monitorring_200
  7_07.PDF,
  Zugriff 02. Mai 2010

[MC09]

  Manta Christa (2009): Datenqualität bei Business Intelligence: Ende der Verunsiche-
  rung; Artikel; Computerwoche Ausgabe August
  2009.http://www.computerwoche.de/software/bi-ecm/894534/,
  Zugriff 8. Juni 2010

[MGMA05]

  Mancuso, Greg; Moreno, Al (2005): A Strategy for Implementing BI/BPM to Gain
  Competitive Advantage, Business Intelligence Advisory Service; Executive Report,
  Vol 5, No. 2; Cutter Consortium, USA

[MM07]

  Middelfart Morten(2007): Verbesserung der Business-Intelligence-Geschwindigkeit
  und Qualität durch die OODA Konzept; Podiumsdiskussion: Herausforderungen für
  die Forschung DW-und OLAP-Industrie und der Wissenschaft aus gesehen; Portugal;
  New York: ACM Verlag

[MO10]

  Monitor- Das Magazin für Informationstechnologie (2010): ÖCI-BARC-Tagung: Top
  Trend BI- Wissen wie es im Unternehmen läuft; Ausgabe Mai 2010; http://presse-
  monitor.de/pmgk/search/article?id=1316047932&toh=undefined,
  Zugriff Juni 2010

[MW07]

  Martin, Wolfgang (2007): Performance Management trifft Business Intelligence; Pa-
  noration Information Discovery; White Paper; Getting Essence of your Data; Wolfgang Martin Team; Frankreich

[MW06]

  Martin, Wolfgang(2006): Analytics meets Enterprise SOA. Wertschöpfende Geschäftsprozesse durch Analytik; White Paper Wolfgang Martin Team; Frankreich

[SAP08]

  SAP.info (2008): Business-Intelligence-Platform Roadmap; Produkt Management SAP
  NetWeaver BI; Februar 2008; ZF Friedrichshafen interne Präsentation

[SAPBPM08]

SAP. Info (2008): Business Process & Interface Monitoring; Part 1- Keep Mission Critical Business Processes Running; ZF interne Präsentation

[SK03]

Strange, Kevin (2003): BI Competency Center is Core to BI Success; Research-Bericht; Gartner Group; ID-Number: AV-20-5294; http://www.gartner.com/resources/116400/116413/bi_competency_center_is_core_116 413.pdf, Zugriff 15. Juni 2010

[SP08]

Sieber, Pascal (2008): Managing Business Intelligence: Wie Sie aus Ihren Daten einen Wettbewerbsvorteil realisieren BI; BI-Studie;Schweiz: sieber&partners

[ST07]

Seitz Tamara (2007): Technische Komponenten von Business Intelligence; LV 0402 Seminar aus Informationswirtschaft SS 07; Institut für Informationsverarbeitung und Informationswirtschaft; Wirtschaftsuniversität Wien

[TA09]

Tutschner, Achim (2009): Durchgängige Modellierung; Seminararbeit; IT-gestützte Prozessmodellierung; FH Vorarlberg BPE WS 2009/2010

[VT08]

Volmering, Thomas (2008): Business Process Management in Action- No Detours from Model to Execution; SAP NetWaeaver BP; ZF interne Präsentation

[WB09]

Wehinger, Bernd (2009): Business Intelligence- Trends der Zukunft am Beispiel der Swaroski AG (Schwerpunkt SAP), Integrierte Informationssysteme, FH Vorarlberg BPE SS 2009

[WH05]

Wegener Hans (2005): Business Intelligence: Controlling-Buch BDU; Artikel. WP Consulting. https://www.wpconsulting.de/uploads/media/2005_06_Fachartikel_Business_Intellige nce_BDU_Buch_Controlling.pdf, Zugriff 3. Juni 2010

[ZF08]

ZF Friedrichshafen AG (2008): IT-Infrastruktur-Strategie; http://www.zf-world.com/ml/Z/ZV/fkst818/fkst862/downloads/strategie.pdf , Zugriff 24. Juni 2010

Anhang

Kategorie	Anbieter	Produkt
Business Intelligence / Performance Management	SAP/BusinessObjects	SAP NW BI, XI3
	SAS	SAS 9
	IBM Cognos	Cognos 8
	Microsoft	PerformancePoint Server, Excel
	MicroStrategy	MircoStrategy 8
	Oracle	Oracle BI EE+
Business Process Management	IDS Scheer	ARIS Platform
	Global 360	Business Optimization Suite
	Emprise	Bonaparte
	IBM/ Filenet	Business Process Manager
	BOC	Adonis
BAM	Systar	BusinessBridge
	Oracle	Oracle BAM
	Axway	Synchrony Sentinel
	TIBCO	BusinessFactor
Enterprise Application Integration	SAP	SAP NetWeaver
	Oracle	Fusion

	Microsoft	BizTalk Server
	IBM	WebSphere
	BEA	WebLogic
Datenintegration	IBM	Information Server
	Informatica	PowerCenter 8.5
	iWay Software	Data Migrator
	Oracle	Data Integrator
Spezialanbieter	Tibco	BusinessEvents (CEP)
	Senactive	EventAnalyser (CEP)
	IDS Scheer	ARIS Process Performance Manager (Prozessanalyse)

Abbildung 9: BI-Markt Üersicht, eigene Darstellung

www.ingramcontent.com/pod-product-compliance
Lightning Source LLC
LaVergne TN
LVHW042127070326
832902LV00037B/1230